AF260393

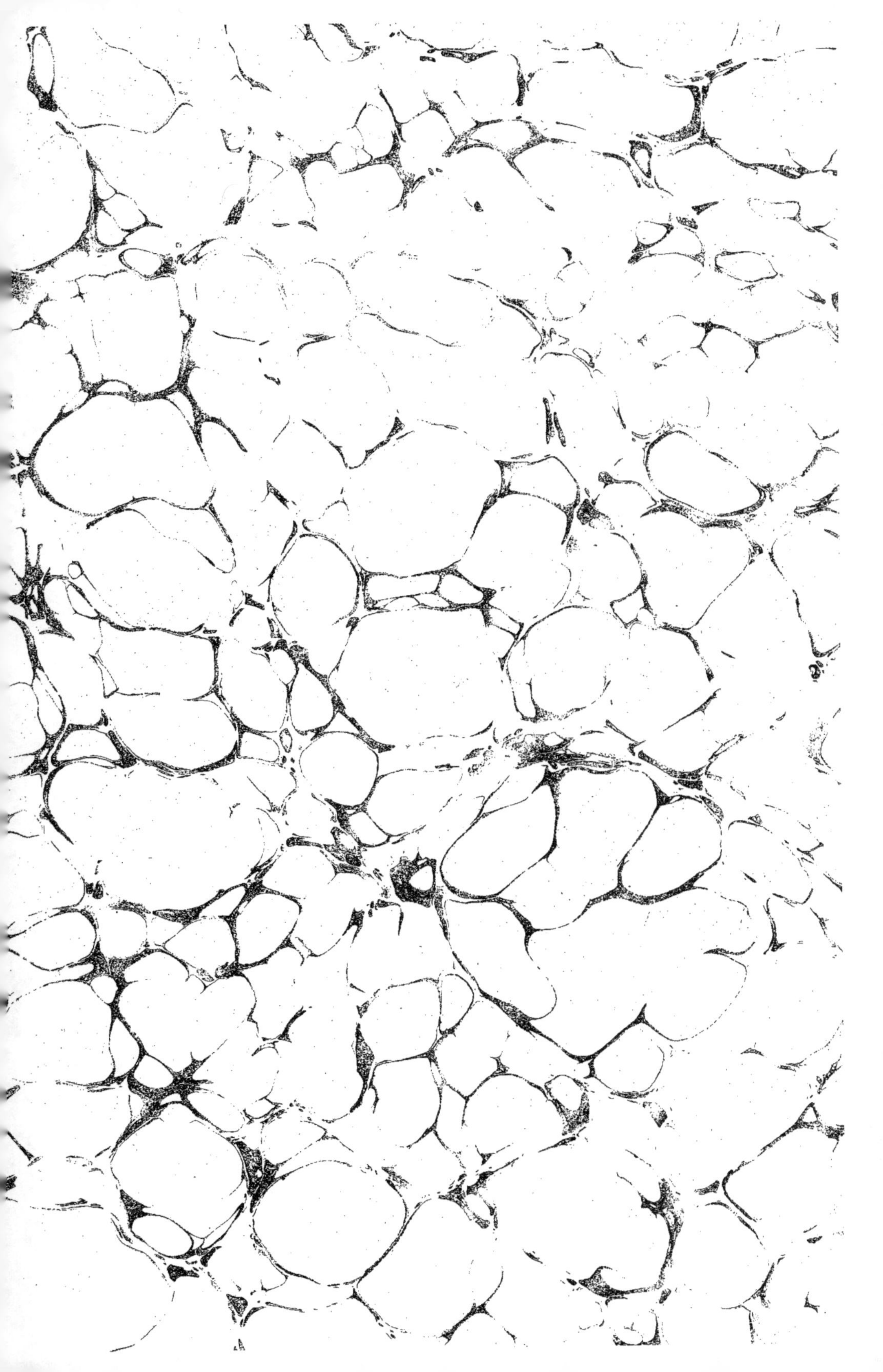

MŒURS ET COSTUMES

DES RUSSES,

Représentés en 5o Planches coloriées,
exécutées en lithographie,

Par A. G. HOUBIGANT.

A PARIS,

DE L'IMPRIMERIE DE FIRMIN DIDOT, RUE JACOB, N° 24.

1817.

AVERTISSEMENT.

Il y a déja quelques années que cette collection a paru en Angleterre. Elle y a reçu l'accueil le plus flatteur. J'espère qu'elle ne sera pas moins heureuse en France.

Je compte peu sur les suffrages de cette classe d'amateurs qui ne fait cas d'un dessin qu'en raison directe du temps et de la peine que son auteur a mis à l'exécuter; mais j'espère davantage des artistes et des personnes qui préfèrent à cette manière froidement précieuse, une exécution libre et hardie, et qui, dans un ouvrage de la nature de celui que je présente aujourd'hui au public, prisent avant tout l'exactitude du costume observée dans ses plus petits détails, la vérité de la physionomie et de ce caractère national qui distingue les peuples les uns des autres, et qui se manifeste jusque dans les moindres parties du corps.

Le docteur russe *De Gribko* ne voyait jamais ces dessins sans dire qu'à leur vue il se croyait véritablement transporté dans sa patrie.

A. G. H.

Paysan Russe

Baptême Russe

Traineaux de Louage pour l'hiver

EXPLICATION DES PLANCHES.

N° 1er.

Paysan Russe.

Ce costume est l'ancien habillement national dans toute sa pureté. Il est fort convenable pour le climat de la Russie. L'hiver, les paysans quittent le chapeau pour le bonnet, et l'habit pour la pelisse de peau de mouton, qu'ils attachent autour du corps avec une ceinture. Jamais ils ne portent de cravates.

N° 2.

Baptéme Russe.

Dans l'église grecque l'on ne présente un enfant pour être baptisé que huit jours après sa naissance. La cérémonie se fait en le plongeant trois fois dans l'eau, après quoi le prêtre passe à l'onction sacrée. Ordinairement après la cérémonie, il lui attache une petite croix, dont un Russe ne se défait jamais. Le nombre des parrains et des marraines n'est pas limité.

N° 3.

Traîneaux de louage pour l'hiver.

Des paysans arrivent tous les ans à Saint-Pétersbourg avec leur cheval et leur traîneau, et y passent l'hiver à conduire, moyennant une fort légère rétribution par course, ceux qui peuvent avoir besoin de leurs services. Ils retournent ensuite dans leurs pays.

N° 4.

Bateaux pour les parties de plaisir.

Ces bateaux appartiennent ordinairement à des seigneurs fort riches, qui prennent pour les conduire des jeunes gens qu'ils habillent magnifiquement, et auxquels ils font apprendre la musique, de manière à ce qu'en ramant ils puissent former des concerts de voix; quelquefois des musiciens les accompagnent.

N° 5.

Jeu des Montagnes de glace.

Cet exercice est le jeu favori des Russes. Il n'y a point un village, un hameau, qui n'ait sa montagne de glace. Celles que l'on élève à Saint-Pétersbourg, vers le temps du carnaval, sont magnifiques. La personne qui veut glisser s'assied sur les genoux du conducteur, qui, penché en arrière, guide le traîneau avec les mains garnies de gants de cuir.

Bateaux pour les parties de plaisir

Laitiers des environs de St Petersbourg

Enterrement des Russes

N° 6.

Laitières des environs de Saint-Pétersbourg.

Elles viennent presque toutes d'Ochta, grand village au nord de la Néva; elles portent leur lait dans de grands vases de terre, recouverts d'écorce de bouleau, qu'elles suspendent à chaque bout d'un morceau de bois placé sur leurs épaules.

N° 7.

Enterrement des Russes.

C'est l'usage en Russie, aussitôt qu'une personne a cessé d'être, de lui fermer les yeux et la bouche, puis on lui lave le corps, et un prêtre vient le parfumer avec de l'encens, en récitant quelques prières. Ces premiers devoirs remplis, les parens et amis du mort s'approchent du corps, et lui donnent le dernier baiser; le baiser d'adieu. Aussitôt cette touchante cérémonie terminée, l'on ferme le cercueil, et le convoi s'achemine vers l'église. On récite alors les prières usitées dans l'église grecque, après quoi on porte le corps dans la fosse. Là, le prêtre jette la première pelletée de terre, en décrivant une croix, et dit : *La terre est au Seigneur, et tout ce qu'elle renferme; gloire au Seigneur!* Il termine en versant dans la fosse l'huile d'une lampe, et l'encens de son encensoir. On laisse alors les fossoyeurs recouvrir la bière de terre, ainsi que nous le pratiquons.

N.° 8.

Voizok.

Voiture d'hiver aussi légère que commode. Elle est ordinairement recouverte d'une natte appelée *Cynofka*, faite d'écorce de tilleul. Le voyageur y est couché sur des matelas, ou assis sur un petit canapé.

N.° 9.

Concert de trompes.

Cette espèce de musique est particulière aux Russes ; elle fut inventée par un Hongrois, M. Maresh, sous le règne de l'Impératrice Élisabeth. On peut dire que c'est un orgue vivant ; chaque homme ne fait qu'un seul ton ; il passe sa vie à rendre purement et avec précision cette seule note. Pour qu'un pareil orchestre soit parfaitement complet, il faut quarante musiciens ; et l'on ne peut en avoir moins de vingt - cinq : les Russes exécutent de la sorte des concerts délicieux. C'est sur-tout la nuit, dans les bois, dans les jardins, que l'effet en est enchanteur.

N.° 10.

Courses de Chars et de Chevaux.

Ces exercices ont lieu l'hiver sur la Néva : l'on n'y admet que des chevaux du pays excessivement vîtes. Ces joûtes donnent toujours lieu, ainsi qu'en Angleterre, à des paris considérables. La haute société de Saint-Pétersbourg y assiste dans des équipages magnifiques.

Vaïock. Voiture d'hiver.

Concert de trompes

Mandiant Finlandais

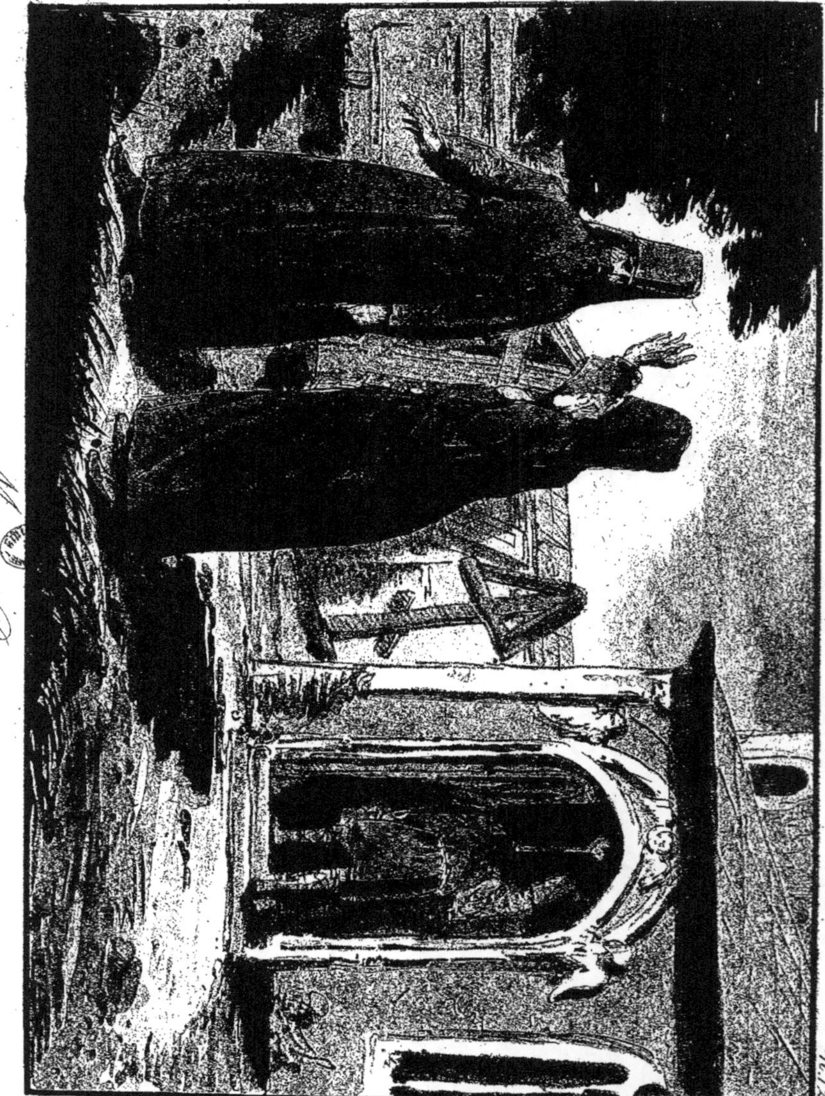

Moines Russes

Droshka fiacre d'été

N° 11.

Mendiant Finlandais.

Les mendiants sont fort rares en Russie; l'on ne rencontre guères que quelques malheureux Finlandais aveugles ou infirmes, vivant de la commisération publique. Ils l'implorent en psalmodiant quelques vieilles rimes russes.

N° 12.

Moines Russes.

Depuis la grande Catherine, ils ont perdu toute espèce d'influence temporelle; elle les a aussi privés de la plupart des immenses domaines qu'ils possédaient, en leur assignant en échange des revenus sur l'État. Leur habillement est noir. Ils sont loin d'observer leur règle dans la rigueur de sa primitive austérité.

N° 13.

Droshka. Fiacre d'été.

C'est le même que celui d'hiver, excepté qu'il est monté sur des roues au lieu de patins. Le cocher porte sur le dos une plaque de fer-blanc numérotée, pour que la police puisse le reconnaître s'il en était besoin.

N° 14.

Jeu du Babki.

On emploie pour ce jeu des osselets de pied de bœuf. Il consiste à abattre le plus possible de ces os, qui sont placés sur un seul rang, avec un autre osselet que lance le joueur.

N° 15.

Marché aux Comestibles gelés.

Quelque temps avant Noël, les paysans de toutes les parties septentrionales de la Russie tuent tous les bestiaux dont ils veulent se défaire, les dépècent, et en laissent geler les morceaux à l'air. C'est dans cet état qu'ils transportent les viandes aux marchés de Saint-Pétersbourg : elles se conservent parfaitement, et ne perdent rien de leur saveur; il faut avoir soin de ne les dégeler qu'au moment de les faire cuire.

Jeu du Babki

Marché aux viandes gelées

Assemblée de Villageois

Village Russe.

N°. 16.

Assemblée de villageois.

En Russie, les anciens de chaque village s'assemblent, dans quelques occasions, pour délibérer. C'est particulièrement lorsqu'il faut faire la répartition des droits exigés par le seigneur. Ces assemblées s'appellent *mir*, mot qui signifie *paix*. Le président est toujours le plus avancé en âge; il se distingue des autres par une baguette qu'il tient à la main, et que, par je ne sais quel singulier usage, il a toujours soin de planter au milieu d'une bouze de vache fraîchement déposée.

N° 17.

Village Russe.

Que l'on se représente un certain nombre d'habitations, toutes formées de troncs d'arbres, qui souvent n'ont pas même été dépouillés de leur écorce; et l'on aura une idée exacte des villages russes. Ceux de la couronne dont les paysans sont libres, et paient de plus faibles capitations, offrent seuls un aspect moins misérable.

L'établissement d'un villageois russe se compose ordinairement de quatre de ces cabanes disposées autour d'une petite cour. Celle qui donne sur la rue contient l'unique chambre nommée *isba*, où, le jour comme la nuit, toute la famille est entassée pêle-mêle : les trois autres servent de grange, d'écurie et de bain.

N° 18.

Kibitka d'hiver.

Cette voiture ne diffère de celles d'été qu'en ce que, au lieu de roues, elle est montée sur des traîneaux. Au-devant se trouve une natte que l'on baisse lorsqu'il neige ou qu'il pleut.

N° 19.

Jeu du Swika.

Ce jeu est particulier à la Russie; il consiste à lancer une cheville de fer, de manière à ce qu'elle retombe exactement au milieu d'un anneau de même métal, posé horizontalement sur la terre.

N° 20.

Foire Russe, et Jeu de Katcheli.

Dans les foires russes, parmi les amusements auxquels se livre le peuple, l'on remarque le jeu de katcheli. Ce divertissement consiste à s'asseoir dans des espèces de boîtes attachées d'une manière mobile à l'extrémité des barres de fer qui tiennent à un cylindre auquel quatre hommes impriment un mouvement très-vif de rotation.

Kibitka d'Hiver.

Jeu du swaïka

Jeu du Katcheli et foire Russe

Jeune fille des environs de Novogorod

Kaback Russe

Marchands de foin de St Petersburg

Izba ou Maison Russe.

N° 21.

Jeune fille Russe.

C'est la coiffure qui fait la seule différence du costume des femmes dans toute l'étendue de l'ancienne Moscovie. C'est elle aussi qui, dans tout l'empire, distingue les femmes mariées de celles qui ne le sont pas. Les femmes ne laissent jamais voir leurs cheveux; les filles, au contraire, en font leur plus belle parure; celle qui est représentée ici a été dessinée aux environs de Novogorod. Sa coiffure consiste en une espèce de diadême enrichi de clinquants, qui retient fortement les cheveux de devant, et s'attache ensuite à ceux de derrière. Ceux-ci, séparés en trois nattes, sont ornés de rubans tombants quelquefois jusqu'au jarret.

N° 22.

Kabach Russe.

L'on ne trouve dans ces cabarets que de l'*esprit de grains*, qui est vendu par le gouvernement, de la bière forte, et de la petite bière. C'est dans ces lieux que les Russes viennent conclure leurs marchés et chômer leurs fêtes, de la manière, selon eux, la plus délicieuse, c'est-à-dire en s'enivrant.

N° 23.

Marchands de Foin.

Ce n'est point l'usage en Russie de botteler le foin; les paysans des grandes villes l'apportent par voitures dans les différents marchés, où il se vend par charretées.

N° 24.

Isba *ou intérieur d'une Maison Russe.*

On appelle ainsi un espace de quinze pieds

carrés, où respirent en même temps tous les membres d'une même famille; cette pièce sert à-la-fois de cuisine et de chambre à coucher. D'un côté se trouve le four qui sert à faire cuire les aliments et à chauffer la chambre, et au-dessus duquel l'on couche été comme hiver, et de l'autre est l'image du saint ou *bog*, sous la protection duquel s'est mise la famille; ordinairement l'on place, en face de cette image, une lampe que l'on allume aux jours de fêtes, et un pot qui est toujours rempli d'eau bénite.

On commettrait une irrévérence fort grande si, lorsque l'on entre dans une de ces cabanes, l'on ne saluait d'abord le saint qui est ordinairement exposé en face de la porte d'entrée; l'on serait de même fort scandalisé de voir cracher ou se moucher devant lui sans se retourner. Les Russes sont à son égard si polis, qu'ils exigent qu'à certains jours du mois, les femmes s'en interdisent la vue jusqu'à ce qu'elles soient purifiées.

La malpropreté qui règne dans ces demeures est extrême; les habitants y manquent de tout ce que nos paysans regardent comme étant de première nécessité. Jamais elles ne sont carrelées; elles ne reçoivent le jour que par des trous que l'on ferme avec des planches à coulisses, et au lieu de vitres, ce sont des morceaux de tôle ou des vessies. La mauvaise odeur et la fumée en rendent le séjour insupportable à ceux qui n'y sont pas accoutumés.

N° 25.

Voiture montée sur les traîneaux.

Cet équipage représente exactement celui dont se servent les seigneurs russes pour voyager en hiver.

Voiture sur des traineaux

Marchand et Marchande Russes.

Coupeurs de Glace

N° 26.

Marchand et marchande Russes.

Les négociants ont conservé l'ancien vêtement russe dans toute sa pureté. Leur *cafetan* ne diffère de celui des gens du peuple, qu'en ce qu'il est plus long et plus ample; le luxe qu'étalent leurs femmes dans leur costume, contraste sïngulièrement avec la simplicité du leur. La femme d'un négociant, aux jours de fêtes, est couverte de diamants; sa robe est faite d'une étoffe magnifique, garnie de dentelles d'or, du plus grand prix. Dans cette classe les femmes mariées portent un long voile qui leur couvre la tête et les enveloppe presque entièrement. C'est ce qui les distingue des filles.

N° 27.

Prêtres Russes.

La religion grecque est la religion dominante en Russie. Il y a cinq degrés parmi les prêtres russes; les évêques, les prêtres, les diacres, les sous-diacres, et les lecteurs ou chantres. Le mariage est interdit aux évêques; il est permis, au contraire, aux simples prêtres, aux *popes;* mais s'ils deviennent veufs, ils ne peuvent contracter une seconde union sans renoncer à leur ministère.

Le premier des cinq prêtres représentés dans la planche (27), est un métropolitain, il est remarquable par sa coiffure enrichie de pierreries; le second et le troisième sont de simples prêtres dans leurs habits de cérémonie; le quatrième est un diacre.

N° 28.

Coupeurs de glace.

C'est pendant les mois de janvier et de février qu'à Saint-Pétersbourg l'on remplit les glacières; à cette époque les bords de la Néwa sont couverts d'une foule d'hommes occupés, les uns à détacher des blocs de glaces qui ont quelquefois jusques à quatre pieds cubes, et d'autres à les charier vers les glacières qui sont en très-grand nombre.

N.° 29.

Tjaliagi *ou voituriers d'été.*

On ne rencontre communément cette espèce de voituriers que sur la route de Moscow à Saint-Pétersbourg; leurs voitures montées sur quatre roues sont excessivement légères; les essieux en sont de bois; elles ne sont jamais attelées que d'un seul cheval, et un même homme en conduit jusqu'à douze.

N.° 30.

Bénédiction des eaux.

Dans l'église grecque c'est un usage de toute antiquité de bénir, chaque année, les fleuves et les rivières; cette fête a lieu le six janvier dans tout l'empire. A Saint-Pétersbourg, c'est sur la Néwa, vis-à-vis le palais d'hiver, que l'on construit le temple où doit se faire cette cérémonie; la famille impériale s'y rend avec tout le haut clergé, précédée des croix, des bannières et des images des saints; à midi on entonne la grand'messe selon le rit grec, et l'on plonge ensuite, dans la Néwa, les croix et les images, au moyen d'un trou qu'on a pratiqué dans la glace. Pendant toute cette solennité les troupes sont sous les armes, le canon de là citadelle ne cesse de se faire entendre. Aussitôt que la bénédiction est donnée, le peuple se précipite vers l'édifice pour se procurer de l'eau-sainte; les Russes lui attribuent une grande vertu; ils ne manquent jamais de s'en laver lorsqu'ils sont malades, et chaque jour ils s'en servent pour faire le signe de la croix.

Voituriers d'été

Benediction des Eaux

Femme Russe en habit d'hiver

Courier du Cabinet

N.° 31.

Jeune mariée et BABA *ou vieille.*

Aussitôt qu'une femme est mariée, elle cache avec soin sa chevelure; elle regarderait alors comme une indécence de montrer une seule boucle de ses cheveux.—L'opinion dans laquelle on est en France, qu'une femme russe ne croit à la tendresse de son époux, qu'en raison des mauvais traitements qu'elle en reçoit, est sans fondement. — C'est une erreur. — Les femmes avancées en âge jouissent en Russie de beaucoup de considération. Ce sont elles qui négocient les mariages. Elles exercent aussi fort souvent les fonctions d'accoucheurs et de médecins, et l'on vient les consulter comme sorcières.

N.° 32.

Femme en habit d'hiver.

Ce costume est celui d'une bourgeoise. Les femmes du peuple, au lieu de la robe plissée et garnie de fourrures, portent le *sarafan*. C'est une espèce de tunique dessinant parfaitement les formes, et ornée par-devant de boutons et de gances qui servent à la fermer.

N.° 33.

Cette planche représente un courrier du cabinet, voyageant en *kibitka*. Ce n'est que dans l'intérieur de l'empire seulement que l'on porte ainsi les dépêches.

N° 34.

Bains des Russes.

Les Russes, de quelque condition qu'ils soient, sont dans l'usage chaque semaine de prendre un bain de vapeur. Les salles destinées aux baigneurs s'entretiennent de vapeur au moyen d'un four rempli de lingots de fer que l'on fait fortement rougir, et sur lesquels on jette de l'eau qui aussitôt est vaporisée. La chaleur de ces étuves est ordinairement de trente degrés ; et chose inimaginable, un Russe, lorsqu'il en sort, se roule dans la neige.

N° 35.

Danse des Russes ou GOLUBETZ.

Le *golubetz* est une espèce de pantomime où le danseur, par ses pas et ses gestes, semble briguer les faveurs de la danseuse qui, après s'être plusieurs fois éloignée de lui avec un air de dédain, finit par s'en rapprocher et se laisser enlacer dans ses bras. La scène se termine par un pas vif et plein de gaieté ; l'instrument dont joue le paysan qui est sur la gauche, est une sorte de guitare à deux cordes particulière aux Russes qui l'appellent *balalaïka*.

Bains de Russes.

Kibitka ordinaire

№ 36.

Jardinier et casseur de bois.

Tous les ans au printemps, on voit arriver à Saint-Pétersbourg un grand nombre de paysans, les uns pour y soigner les jardins des gens riches, et les autres pour faire croître toute espèce de légumes dans des terrains qu'ils louent autour de la ville. Tous regagnent leurs villages lorsque la végétation a cessé. La figure à gauche représente un de ces jardiniers; l'autre est celle d'un *dvornick*, espèce de domestique dont la seule occupation, dans les grandes maisons, est de casser du bois.

№ 37.

Marchand de ZBITEN *et de* KALACHNICKS.

La boisson des gens du peuple, pendant l'hiver, est le *zbiten*; c'est un composé d'eau, de miel, et de piment. Les *kalachnicks* sont des petits pains fort blancs faits de farine de Moscow, que l'on mange ordinairement au déjeûner.

№ 38.

Pêche d'hiver.

Cette pêche se fait avec des filets montés sur des cerceaux. Leur grandeur, de l'ouverture au fond, va toujours en diminuant. On les plonge dans les rivières au moyen de grands trous que l'on pratique dans la glace.

№ 39.

Traîneau ordinaire.

Cette voiture est celle dont se servent habituellement les paysans. Elle est si légère qu'un seul cheval suffit pour la traîner, et si simple dans sa construction, que chaque Russe façonne la sienne sans d'autre secours que celui de sa hache.

Mariage des Russes.

Les cérémonies qui se pratiquent à l'occasion du mariage, ne sont pas les mêmes dans toute la Russie, au moins quant aux détails. La planche 40 représente cette solennité telle qu'on la célèbre à Saint-Pétersbourg et dans toute l'étendue de ce gouvernement. Aussitôt que les deux futurs époux sont arrivés au temple, ils se prennent par la main; et s'approchant de la porte du sanctuaire où le *pope* les attend, ils lui expriment le desir qu'ils ont d'être unis, et en donnent pour preuve l'échange qu'ils font de leurs anneaux. On pose alors sur la tête des deux époux des couronnes de métal (autrefois elles étaient de simples fleurs), et on les introduit dans le sanctuaire. Là le prêtre entonne le chant d'hymen; et après leur avoir demandé s'ils persistent dans le desir d'être unis, sur leur réponse affirmative, il leur donne la bénédiction nuptiale, et demande au ciel de les combler de ses faveurs.

Il lit ensuite l'épître de Saint-Paul sur les devoirs qu'impose ce sacrement, et y ajoute quelquefois des exhortations paternelles. Ces premières cérémonies terminées, il présente le calice aux époux qui y boivent l'un après l'autre, à trois reprises différentes, en témoignage de la bonne union et de la communauté de biens qui, dès ce moment, doit exister entre eux; puis il les prend par la main, et, suivi de tous les assistants, il leur fait faire le tour de l'autel en marchant d'occident en orient. Cette cérémonie indique, dit-on, que désormais ils doivent inséparablement parcourir le chemin de la vie, et ne suivre que la voie du salut. La solennité se termine par une courte prière que fait le prêtre. En sortant du temple, la jeune épouse se rend directement dans la maison de son mari.

Mariage Russe

Les Bohemiennes

Charrue des Russes.

N.° 41.

Bohémiennes.

En Russie plus que par-tout ailleurs, on rencontre des troupes de Bohémiennes qui, pour quelques légères pièces de monnaie, prédisent aux gens du peuple ce qui doit leur arriver. Il est remarquable que le nombre de ces diseuses de bonne aventure a diminué en Europe en raison directe de l'accroissement des lumières, et ce n'est plus guère que dans quelques villages du nord qu'elles trouvent encore à subsister de leur singulier métier.

N.° 42.

Charrue des Russes.

Les instruments aratoires des Russes sont grossiers et se ressentent de l'imperfection de leur agriculture. Quelques seigneurs ont en vain essayé, dans leurs domaines, de faire réformer la charrue représentée dans cette planche, et qui ne creuse que des sillons trop peu profonds. Mais les vieilles routines ont constamment triomphé; et ce n'est que dans fort peu d'endroits qu'elle est remplacée par celles bien supérieures du midi de l'Europe.

N.° 43.

Planche à balancer.

Cette planche est posée en équilibre sur des bûches ou sur une pierre. Les enfants qui se livrent à ce jeu parviennent par degrés à augmenter à un tel point la force du balancement, qu'ils finissent par être lancés à une hauteur vraiement extraordinaire. Il faut beaucoup d'aplomb et de sang-froid pour retomber droit sur la planche.

N.° 44.

Manière de charrier les pierres.

Cette méthode est celle usitée en Russie pour le transport des pierres d'un très-gros volume. Le chariot qu'on y emploie, et qui fait le sujet de cette figure, est d'un usage très-commode, et mériterait d'être adopté dans le reste de l'Europe.

N.° 45.

Manière de puiser de l'eau pendant l'hiver et de rincer le linge.

Comme pendant l'hiver toutes les rivières et toutes les sources sont gelées, on est contraint de casser la glace pour puiser l'eau dont on a besoin. En Russie, on ne tord pas le linge, on se contente, lorsqu'il est propre, de le *massiver* fortement avec des battoirs.

Planche à Balancer

Rinceurs de Linge.

Jeu des quilles.

Pêche d'été.

№ 46.

Jeux des quilles ou GORODOKI.

Les Russes au lieu de placer leurs quilles en quinconce comme nous le faisons, les rassemblent en faisceau au milieu d'un cercle qu'ils ont tracé. L'habileté des joueurs consiste à en faire sortir le plus grand nombre possible en lançant avec force et avec adresse un bâton sur le tout.

№ 47.

Voitures d'hiver.

Ces voitures sont montées sur des traîneaux. Elles portent un poids d'un tiers plus considérable que celles d'été, et vont beaucoup plus vite. Elles marchent par caravanes de cinquante à cent que l'on appelle *obotz*, c'est par ce moyen que se font en Russie tous les transports pendant l'hiver.

№ 48.

Pêche d'été.

Cette pêche se fait avec des filets d'une grandeur considérable. Les gens riches de Saint-Pétersbourg vont en partie de plaisir voir celles qui ont lieu aux environs de la ville, souvent ils s'amusent à acheter le hasard de quelques coups de filets.

N.º 49.

Balançoire des Russes.

Ce dessin représente suffisamment la construction de cette balançoire, pour que je me croie dispensé d'en faire autrement la description. Les jeunes filles qui, en Russie, jouent à ce jeu plus communément que les garçons, parviennent à imprimer un tel mouvement à la planche, que souvent elle est perpendiculaire à la terre.

N.º 50.

Camp Tatare.

Ainsi que les Cosaques auxquels ils ressemblent beaucoup pour les mœurs, les Tatares sont excellents cavaliers. Ils manient l'arc et la lance avec une adresse admirable. Pendant l'été leur vie est errante, aux approches de l'hiver ils rentrent dans leurs villages. La forme de leurs tentes est assez semblable à celle d'une ruche. Elles sont formées de lattes croisées à angle droit, et recouvertes de peaux ou de feutres impénétrables à la pluie. Ce peuple est généralement doux et hospitalier.

FIN.

Balançoire Russe.

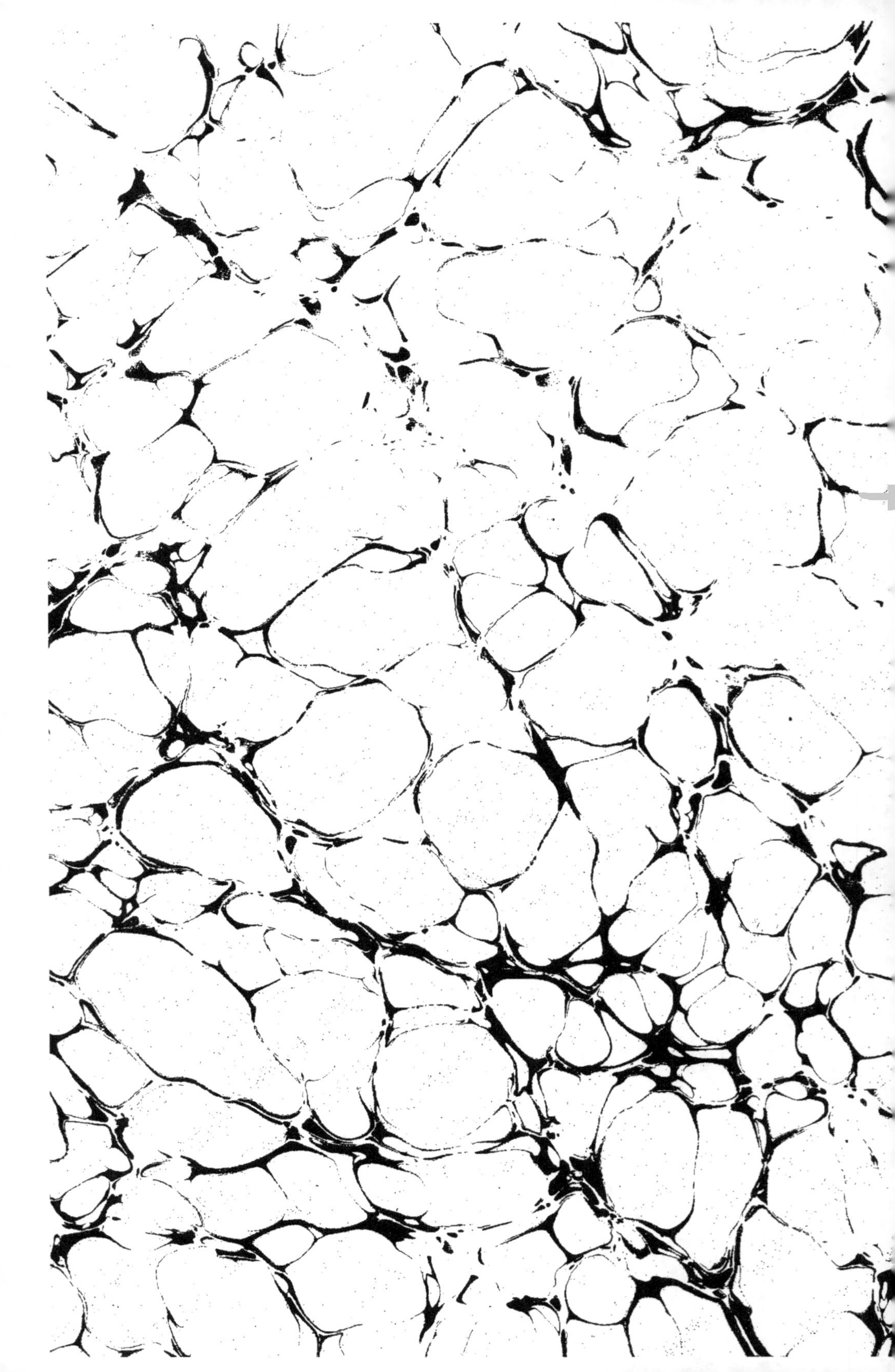

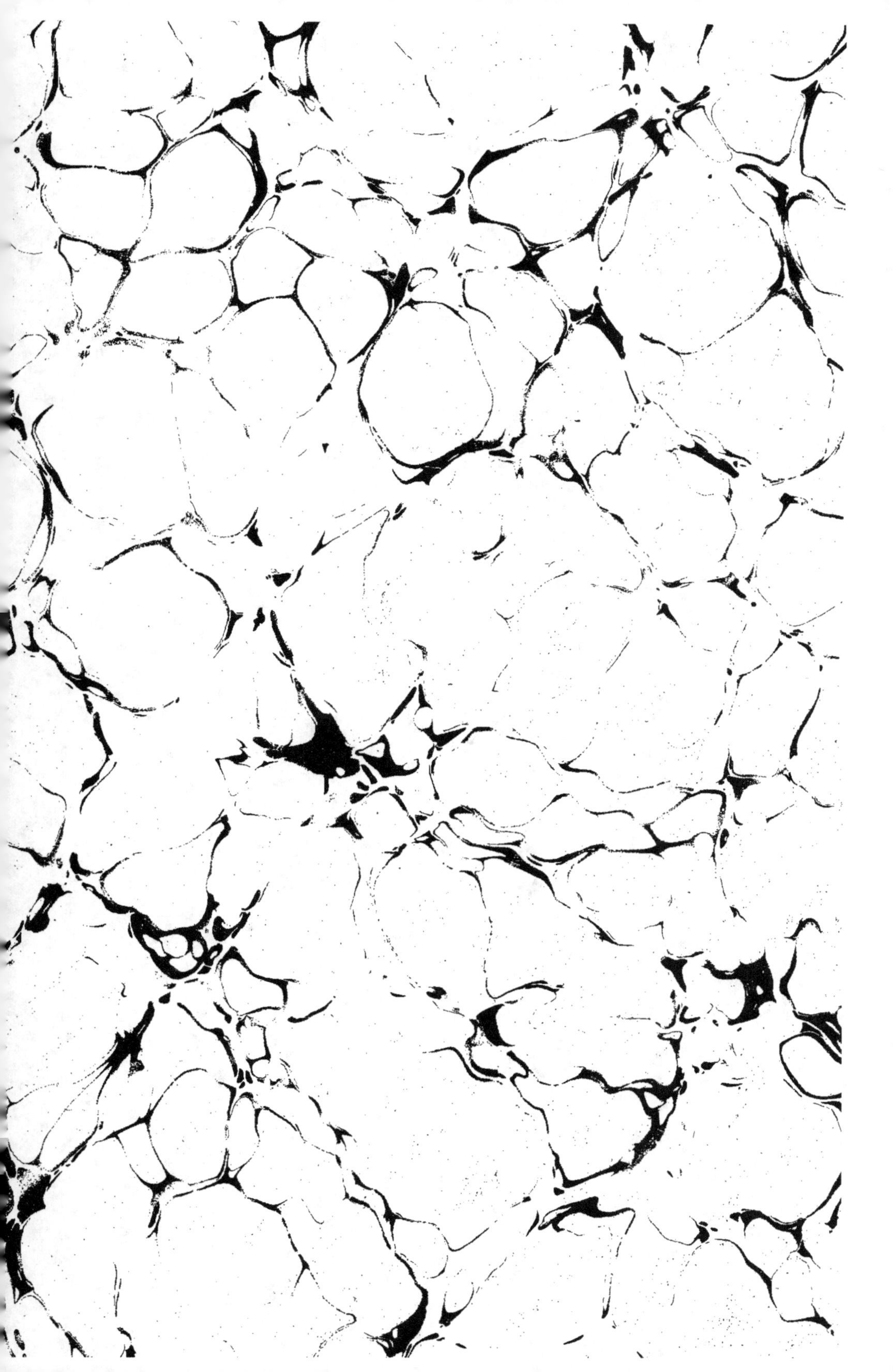

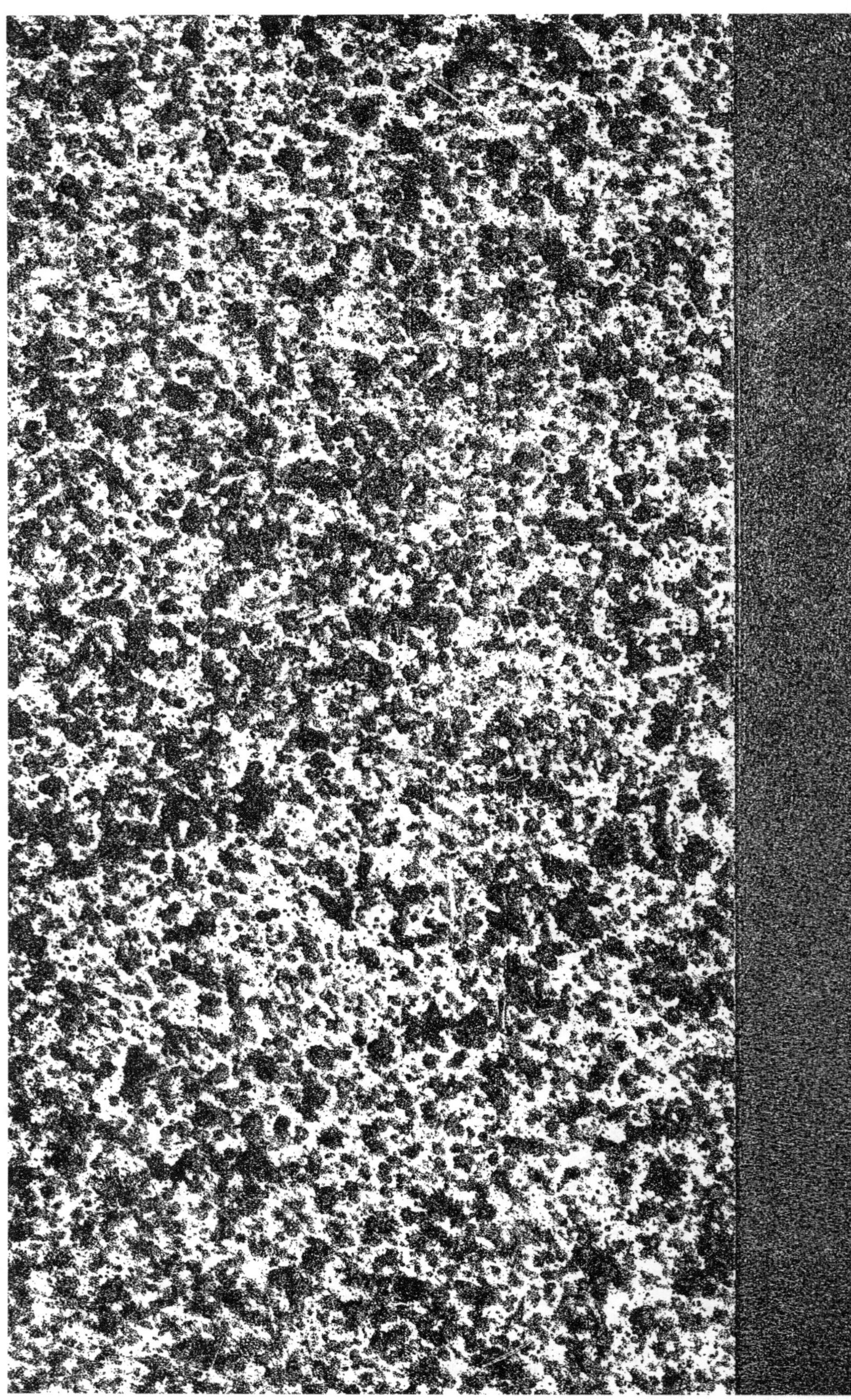

LES

MÉDECINS GRECS

DEPUIS LA MORT DE GALIEN

JUSQU'A LA CHUTE DE L'EMPIRE D'ORIENT

(210-1453)

PAR

Le Dr A. CORLIEU

BIBLIOTHÉCAIRE-ADJOINT A LA FACULTÉ DE MÉDECINE DE PARIS,
CHEVALIER DE LA LÉGION D'HONNEUR.

PARIS

LIBRAIRIE J.-B. BAILLIÈRE ET FILS

19, RUE HAUTEFEUILLE, PRÈS DU BOULEVARD SAINT-GERMAIN.

1885

Tous droits réservés.